AF230537

# LA
# VRAIE FRANCE

PAR

## F. RENARD

---

**PRIX : 1 fr. 50**
Envoi franco

---

LILLE

BUREAUX DE LA *VRAIE FRANCE*

RUE NATIONALE, 45

**1873**

# LA
# VRAIE FRANCE

PAR

## F. RENARD

---

**PRIX : 1 fr. 50**

Envoi franco

---

## LILLE

BUREAUX DE LA *VRAIE FRANCE*

RUE NATIONALE, 45

**1873**

# LA VRAIE FRANCE

Lorsque les théories révolutionnaires, formées et grossies par des courants d'opinion dont les sources remontent haut dans l'histoire de la France et de l'Europe, se dressèrent contre les institutions de notre pays dont l'état dégénéré réclamait manifestement des réformes, elles eurent recours à cette subtilité, qui leur donna beau jeu, de s'en prendre aux institutions en elles-mêmes de ce qui n'en était que la déviation. Et ceux qui les propageaient eurent trop souvent pour adversaires des hommes qui, familiarisés avec les abus attaqués, acceptèrent la lutte sur ce terrain impossible à défendre. Lorsque l'erreur de ceux-ci fut reconnue par quelques esprits, il était trop tard.

A peine la Révolution était-elle consommée que d'illustres écrivains, J. de Maistre et Burke, en anéantissaient les théories par des démonstrations que tant d'insultes ont poursuivies et qu'aucune réfutation n'a atteintes. Mais déjà s'étaient formés de nouveaux préjugés. Comme les abus d'autrefois, les théories nouvelles s'étaient emparées de la foule et se dérobaient à l'examen.

De nos jours, une autre force, plus difficile à vaincre que les fausses doctrines les plus invétérées, car elle est surtout faite d'inertie, est venue se joindre aux préjugés révolutionnaires. Beaucoup d'hommes, effrayés des terribles épreuves subies jusqu'à nos jours et de celles, plus formidables encore, que semble préparer l'avenir, ont commencé à maudire les œuvres de la Révolution ; mais, faute de comprendre sa véritable nature, ils sont prêts encore à demander le salut à l'une des formes sans nombre qu'elle sait prendre. Semblables à un noyé qui s'attache obstinément, avec l'aveugle instinct de la conservation , à la racine qui ne le maintient au fond de l'eau qu'en assurant sa perte, ils se cramponnent aux points d'appui que la Révolution leur offre et qui ne bordent l'abîme que pour y retenir ceux qu'elle y a entraînés.

En peignant ce que nous croyons être la vraie France, c'est ce dernier fantôme, cette transformation désespérée de l'erreur révolutionnaire, d'autant plus dangereuse qu'elle la déguise mieux, que nous voulons travailler à dissiper. Nous montrerons que le principe de la Révolution, quel que soit son application, contient inévitablement en lui le germe de tous les périls, la cause de toutes les ruines politiques et sociales ; nous prouverons aussi que les objections de l'empirisme politique contre le retour à la vérité théorique pure et au droit absolu et complet sont erronées dans leurs prémisses ou fausses dans leurs conclusions.

C'est au nom des intérêts de la patrie que parlent ceux des conservateurs dont nous voulons essayer de combattre les doctrines, ou plutôt les tendances; c'est au nom des intérêts de la patrie que nous leur répondrons. Ou plutôt, c'est la notion même de patrie que nous donnerons pour base aux considérations que nous allons présenter ; c'est en elle que nous creuserons les fondements de notre argumentation. Et nous ne considèrerons d'autre but que la restauration de la patrie dans sa vérité et dans sa force.

I

# LA PATRIE ET LE DROIT POLITIQUE

—

## LA PATRIE

I

Il n'est pas d'idée plus vulgaire que l'idée de patrie. On sait que ce qui fait pour chacun la patrie c'est la nation à laquelle il appartient. Mais cette réponse à la question ne fait que reculer celle-ci. Qu'est-ce qu'une nation ? Quel est le lien qui forme les groupes politiques qu'on appelle de ce nom ? quelle est la force qui réunit, qui fond, en une personnalité unique, des multitudes d'individus ?

Est-ce de son territoire qu'une nation tire son existence et ce que nous venons d'appeler sa personnalité ? Est-ce lui que ses habitants ont en vue lorsqu'ils saluent avec amour et fierté leur patrie ? Certainement non. Le territoire d'une nation peut être agrandi ou diminué au gré des événements ; la puissance et la prospérité de cette nation seront par là modifiées, sa personnalité ne sera point changée. Bien plus, une nation pourrait perdre son territoire tout entier sans cesser d'exister. Lorsque les Hollandais, vaincus par Louis XIV, s'apprêtaient à quitter leur pays pour aller chercher à Batavia un refuge de leur indépendance, dira-t-on qu'ils abandonnaient leur patrie ? Loin de là.

C'étaient pour ne point la perdre qu'ils partaient ; et on peut dire, avec une stricte et littérale exactitude, qu'ils l'emportaient avec eux. Le territoire d'une nation lui appartient ; il ne la fait pas.

On ne prétendra pas non plus que ce qui constitue une nation ce soit uniquement l'ensemble des habitants d'une contrée indépendante. S'il en était ainsi, la réciproque serait vraie, et tous les citoyens d'une nation lui appartiendraient indissolublement ; ce qui est contredit par l'opinion, conforme sur ce point à la vérité, puisqu'elle appartient à tous les temps et à tous les peuples. La distinction qu'il faut faire entre une nation et les individus qui la composent est confirmée par d'innombrables exemples ; mais aucun n'est plus éclatant que le fait de la séparation des Etats-Unis de l'Angleterre. Si les membres d'une nation étaient, en droit, indissolublement unis, la guerre de l'indépendance américaine, au lieu d'être respectée par tous dans son principe, serait, au contraire, condamnée comme un véritable forfait. Les membres d'une nation sont évidemment un des éléments, et des plus essentiels — s'il peut y avoir des degrés entre des choses essentielles — qui la forment ; mais, à les considérer abstractivement, ils ne sont que des individus : le lien qui les unit manque encore.

Quel est donc ce lien ?

Est-ce l'intérêt ? Mais s'il en était ainsi, avec lui cesserait pour chacun toute attache avec la nation dont il fait partie. Un peuple que ses malheurs ont écrasé d'impôts et chargé des exigences d'un pénible service militaire perdrait les plus entreprenants de ses membres, sans même être vengé de ces déserteurs par le mépris public, qui ne saurait s'attacher à une action légitime et même louable. Nous reviendrons sur cette thèse. Avant de la quitter ici, rappelons à ceux qui s'en voudraient faire les défenseurs l'exemple de ces Alsaciens et de ces Lorrains qui ont abandonné leurs toits et renoncé au pain qui les faisait vivre, pour venir, au milieu des hasards, au risque de la misère, là où ils pouvaient se rattacher à la patrie ! Assurément ce n'est pas l'intérêt qui les a guidé ; qu'est-ce donc ?

Dans l'exemple de ces généreux Français se trouve aussi, en même temps et d'un seul coup, la réfutation de tout ce qu'on pourrait imaginer pour donner comme objet à l'idée de patrie un composé d'éléments sensibles. Pour venir à nous, ils ont fui une race qui leur est plus proche que la nôtre, dont ils parlent la langue, eux qui, en grand nombre, ne connaissent pas la nôtre ; ils ont rompu les habitudes de toute leur vie ; ils ont dit adieu à leurs villages, au sol qu'ils avaient fécondé de leur travail ; beaucoup peut-être ont presque déchiré les liens les plus étroits de la parenté. C'est donc que rien de tout cela, ni même tout cela ensemble, ne fait la patrie. La plupart de ces braves gens ne s'en sont probablement pas rendu compte ; mais ils ont obéi à cet instinct, bien autrement infaillible que les spéculations des habiles et des sages, qui guide les esprits simples et droits vers tout ce qui est vrai, juste et beau.

Veut-on voir la force qui crée les nations dans le consentement initial de leurs premiers membres dont l'effet se continuerait de génération en génération ? Car il faut bien donner cette puissance à l'accord primitif, sans quoi le lien formé serait rompu ou au moins mis en question pour chaque individu, au moment de sa naissance. Nous le voulons bien, car cette prémisse conduirait parfaitement à la conclusion vers laquelle nous tendons, si l'on consent à admettre, ce qui nous paraît nécessaire, qu'avec cette sorte d'association, qui s'impose aux générations successives, se transmettent, bien qu'en se modifiant plus ou moins, avec le temps, les conditions avec lesquelles elle a été faite.

Mais le témoignage de tous les siècles, l'histoire de tous les peuples enseignent que jamais semblable contrat n'a été conclu. C'est d'un ensemble de circonstances et d'évènements que nulle volonté humaine n'a pu régler d'avance ni nulle intelligence prévoir, et qu'il est même impossible d'analyser complètement dans l'histoire, que sortent les nations. Ces circonstances et ces évènements, au milieu desquels s'agite, libre, mais inconsciente du résultat de ses œuvres, la volonté humaine, donnent en même temps à la nouvelle communauté ses principes, ses lois et ses coutumes, que transmettra d'âge en âge la tradition, qui sera aux institutions nationales ce que la coutume est à la loi, c'est-à-dire leur fondement et leur force. C'est de ce pacte inconscient, dont on ne peut évidemment séparer la modalité, les conditions, pas plus que s'il était volontaire, que naît un peuple; c'est avec lui et par lui qu'il se conserve et se développe.

Évidemment on ne peut mettre à part d'une nation le territoire qu'elle occupe et l'ensemble des individus qui la composent : ils en sont, si l'on veut, comme le corps, mais les principes politiques et les traditions en sont l'âme. D'ailleurs, de même que, dans l'individu, le corps réagit sur l'âme de diverses manières, et, entre autres, en concourant à former le caractère par le tempérament, de même, le climat,   sol, la position géographique et, d'un autre côté, les tendances et les aptitudes des races qui se trouvent mises en contact, influent sur la formation et le développement d'une nation. Par le concours de tous ces éléments . sous l'action des évènements et par le travail du peuple sur lui-même, se dégage une résultante de propensions, un ensemble de coutumes, de maximes, d'institutions, qui font l'unité du peuple, le distinguent des nations rivales et créent par conséquent sa personnalité. C'est cette personnalité qui, pour tous ceux qui lui appartiennent, est la patrie.

Voulons-nous nous demander, maintenant, quels sont les éléments constitutifs de notre patrie, à nous Français ? L'histoire nous répond aussitôt en déroulant les souvenirs de plus de dix siècles de grandeur et de prospérité, où nous voyons un des peuples à la fois les plus ordonnés et les plus libres qui furent jamais développer ses institutions et immortaliser ses œuvres sous l'influence de deux principes : le Christianisme et la Monarchie.

Ce sont eux qui ont fait la France ; ce sont eux qui sont la France. La patrie française, c'est cette grande nation qui s'est appelée, aussi longtemps qu'elle a été glorieuse et prospère, qui s'appellera toujours, pour ceux qui lui sont vraiment fidèles, la Fille ainée de l'Église, la Monarchie très chrétienne.

II

Si nous nous sommes bien fait comprendre, et si nos lecteurs ont accepté notre raisonnement, ils reconnaissent dans ce que doit être pour nous, Français, l'idée de patrie, une large conception, dominée, pénétrée par la foi chrétienne et le principe monarchique, que des traditions, glorieuses entre celles de toutes les nations, saluent, l'une comme le principe générateur, vivifiant et protecteur de notre vie nationale, l'autre comme son organisme et sa forme extérieure ; et ils voient dans la série des époques de notre histoire, dans la succession des âges de notre vie nationale, un ensemble de parties solidaires entre elles, un tout indivisible, ou plutôt, pour revenir à l'expression que nous avons choisie, une personnalité unique, animée d'une seule âme.

En face de cette conception, nous connaissons véritablement notre patrie, nous savons ce que sont ses intérêts et ce qu'ils demandent de nous, puisque le passé nous apprend ce que réclame avant tout le présent et à quoi doit tendre l'avenir, et notre cœur trouve l'aliment d'un enthousiaste et généreux patriotisme.

Avec elle aussi, se trouvent réfutés les arguments que l'empirisme politique nous présente, au nom de la patrie, en faveur de ses systèmes. Il nous dit que nous devons, pour sauvegarder l'intérêt de celle-ci, sacrifier au besoin nos convictions. Mais, avons-nous à lui répondre, trahir ou même négliger les intérêts chrétiens et monarchiques, ce n'est rien autre que trahir la patrie. Et puis, les transactions que vous nous proposez respectent-elles le passé et ne compromettent-elles point l'avenir ? Vous ne pouvez le prétendre. Que venez-vous donc nous parler de l'intérêt de la patrie ? L'intérêt de la patrie, ce n'est pas seulement l'avantage supposé du présent ; c'est aussi et non moins l'honneur du passé et le salut de l'avenir.

Mais les conservateurs instruits à l'école de l'empirisme révolutionnaire se refusent, au moins en pratique, à accepter cette notion de la patrie. Ce qu'ils voient en elle, quoiqu'ils ne l'avouent guère, c'est la conception la plus méprisable que l'on en puisse avoir. Ils n'en font, dans leur pensée, ou du moins dans leur conduite, que la dépositaire d'intérêts collectifs auxquels ils sont mêlés. Sans quoi, comment pourraient-ils, faisant fi du passé et, au besoin, de l'avenir, se contenter de demander au présent ce qni leur paraît devoir donner plus aisément et plus vite l'ordre matériel, qui leur importe pour leur tranquillité ou leurs affaires ? C'est donc là le secret de leurs théories : de ce pseudo-patriotisme c'est l'égoïsme qui est l'auteur.

Mais la morale publique, pas plus que la morale privée, ne souffre de violations semblables et ne permet qu'elles profitent à qui y a recours. Une inflexible force des choses, qui n'est que la main de la suprême justice, s'allie au droit et à la vérité pour les venger.

L'empirisme politique a beau s'ingénier de mille manières, il n'échappera pas à l'impitoyable logique des principes et à leur action souveraine sur les faits. Des exemples récents et terribles le font voir avec évidence à quiconque veut bien regarder. Quel est, dans le raisonnement, la conséquence de la théorie qui voudrait qu'on s'attachât à l'intérêt passager que l'on suppose au pays, au mépris des principes et des traditions qui sont le seul véritable lien national, si ce n'est qu'une fraction quelconque du peuple a aussi le droit de songer avant tout à son intérêt particulier et même opposé à celui de l'ensemble de la nation ? Pourquoi, en effet, les fractions simultanées de la nation n'auraient-elles pas les mêmes droits que ses fractions successives? Voyez maintenant dans les faits. Qu'est-ce, au point de vue qui nous occupe, que l'Internationale et la Commune, sinon des fractions de la nation recherchant leurs intérêts supposés en dehors et à l'encontre des intérêts généraux du pays? Que prétendait la Commune, sinon revendiquer le droit d'une ville à se séparer de la nation ? Que poursuit l'Internationale, sinon le triomphe des intérêts supposés d'une classe au mépris de ceux des nationalités ? Et, nous le demandons à quiconque n'admet pas la puissance du lien national que nous avons reconnu, où trouvent-ils ailleurs le droit de combattre ces deux schismes patriotiques?

A ceux donc à qui le raisonnement ne suffirait pas pour comprendre qu'il ne peut y avoir de stabilité, ni même d'existence, pour une nation, sans le respect des principes nationaux, aussi bien qu'il ne peut y avoir de stabilité, ni même de vie sociale, sans le respect des droits privés, que ces faits servent de leçons. Qu'ils comprennent que c'est à la désagrégation que nous conduirait un plus long oubli de nos principes nationaux, sans lesquels le patriotisme n'est plus durable, parce qu'il cesse d'être justifié.

Cette affirmation s'appuie encore sur une preuve que les conservateurs auxquels nous nous adressons ne contesteront pas, celle de leurs propres paroles.

Ne les entendons-nous pas, tous les jours, gourmander les gens d'ordre de leur abstention ? et ne constatent-ils pas par là un manque de patriotisme ?

Ils n'ont que trop raison ; mais, en même temps, ils devraient faire un retour sur eux-mêmes et sur leurs doctrines. — Pourquoi s'écrient - ils, alors que les hommes de désordre marchent avec tant d'ensemble et d'ardeur vers leur but, les gens d'ordre montrent-ils tant d'apathie ? — Eh ! c'est que les hommes de désordre ont un idéal, la désorganisation politique et sociale, tandis que vos gens d'ordre, instruits par vous, n'en ont plus. Conservateurs, au lieu de répéter à ceux qui vous écoutent le nom de la patrie, rappelez-leur ce qui en fait la réalité, et vous les verrez se souvenir de leurs devoirs et les remplir.

Vous n'en voulez rien faire et vous aimez mieux n'en appeler qu'à l'intérêt de chacun, pour obtenir son concours à l'œuvre du salut commun. Mais, ne voyez-vous donc pas où mène cet argument de l'intérêt poussé dans ses dernières conséquences ? — Au lieu de m'épuiser dans une lutte de plus en plus pénible, ne ferais-je pas mieux, peut-on vous dire, de fuir un pays où l'on est sans cesse menacé de dangers toujours renaissants ? — Voilà ce qu'on peut, en dernière analyse, répondre à vos théories ; voilà où elles aboutissent ; voilà ce que deviennent entre vos mains la notion et les droits de la patrie.

Et vous osez nous demander, en son nom, de transiger avec nos croyances et d'oublier nos principes nationaux ! Ah ! nous ne le ferons jamais. Plus la France sera affaiblie et menacée par l'effet de vos doctrines, plus nous nous attacherons aux principes et aux traditions qui sont toute la force, toute la vie, toute la réalité de la patrie !

### III

Une objection se présente aux raisonnements que nous venons de développer. On peut, tout en reconnaissant en principe que la patrie se forme des éléments que nous avons signalés, répondre que ces éléments ont changé chez nous de nature. — Autant dire alors que nos modernes patriotes se sont fait une France nouvelle, qui n'est en rapport avec l'ancienne que par antagonisme; en autres termes, qu'ils ont répudié la France de nos aïeux, la France de plus de dix siècles de gloire, pour demander leur patrie à la Révolution.

On peut aussi, il est vrai, soutenir que nos principes nationaux n'ont fait, à partir de 1789, que se transformer, se développer même, que nos traditions n'ont fait, depuis lors, que se modifier en se complétant. Ce serait là la thèse de ceux qui prétendent ne voir dans la Révolution que ce qu'ils appellent une *évolution* du caractère et du génie national. Le malheur est, pour eux, qu'on ne peut voir une simple et normale transformation, en rapport avec les progrès de la civilisation, dans la négation des principes les plus fondamentaux d'une nation, dans le désaveu de ses traditions les plus essentielles. Etrange évolution que le bouleversement politique qui a rejeté la souveraineté distincte, pour la remplacer par la souveraineté permanente et inamissible des masses, c'est-à-dire par la négation de toute souveraineté, qui a repoussé la religion nationale pour introniser l'athéisme politique, renversant ainsi, non-seulement les bases de notre constitution, mais aussi les fondements sur lesquels se sont élevées toutes les nations ! Etrange évolution que celle qui s'est produite, non par la persuasion et l'emploi de moyens légaux, mais par la révolte, les violences de toute nature et l'assassinat judiciaire, qui s'est imposée par la terreur et a prêché ses doctrines par le couteau ! Etrange évolution et répondant bien aux besoins de la France que celle qui, en quatre-vingts ans, n'a rien pu fonder et n'a produit que des ruines de toutes sortes !

Il n'y a donc pas moyen de dégager le mouvement qui a repoussé de la France ses principes séculaires du nom que ses adeptes mêmes lui ont donné, ce nom qui en lui-même est une opprobre, le nom de Révolution.

Mais ce n'est pas tout encore que de constater que la Révolution est la négation des principes essentiels à la patrie que nous ont transmise nos aïeux ; il faut se demander si cette négation est légitime, s'il est juste qu'une partie de la nation frustre l'autre de ce qu'on peut appeler ses droits à la patrie, pour s'en créer une autre à sa fantaisie, et surtout si une telle œuvre peut avoir un résultat positif, ou si plutôt celui-ci n'est pas uniquement négatif, et s'il n'est pas impossible, au peuple comme à l'individu, de se dépouiller de sa constitution autrement qu'avec la vie. Nous retrouverons ces questions sous une autre forme en parlant du droit politique.

Qu'il nous suffise présentement d'avoir constaté qu'écarter la Monarchie chrétienne. de l'antique patrie française est impossible. Vous donc qui la proscrivez, dites que vous répudiez la patrie de vos aïeux, que vous aspirez à anéantir ses fondements, pour vous élever une patrie nouvelle, sur des principes nouveaux; mais n'usurpez pas, pour nous détacher de tant de glorieuses traditions, les droits de l'œuvre qu'elles ont accomplie et dont elles sont toute la réalité.

# LE DROIT POLITIQUE

## I

Après avoir reconnu abstractivement l'existence d'un droit politique, le premier point que l'on rencontre dans l'examen de ce grave sujet, c'est la question de l'autorité dont il émane.

De quelque manière qu'on réponde à cette question, on arrive nécessairement à l'une des deux théories que l'on désigne par les noms de système du droit ou de la souveraineté du peuple et système du droit traditionnel ou national, dont le premier professe que le pouvoir de créer, de modifier et de détruire sa constitution réside d'une manière permanente et inamissible dans le peuple, et dont le second place cette constitution, lorsqu'elle est dûment établie, au-dessus des variations de la volonté populaire.

Qu'on veuille bien le remarquer, nous n'entendons ici par constitution que les éléments les plus fondamentaux de l'état politique d'une nation.

Examinons successivement ces deux systèmes.

Dès les premiers efforts que l'on fait pour tirer les conséquences du premier, on arrive à cette conclusion, que son application, telle que la veulent de rigoureuses déductions, ne peut pas, nous ne dirons pas seulement se justifier, mais même se concevoir.

Pour que le droit d'un peuple à changer à son gré sa

constitution s'exerçât véritablement, pleinement, il faudrait que *tous les membres* de ce peuple pussent, *à tout instant*, proposer *toute modification*. Autrement, si tout individu ne peut faire de proposition, il y a des privilégiés et, par conséquent, un état de choses établi, qui domine le droit du peuple ; si une proposition ne peut être faite à toute époque, le droit du peuple n'est pas réellement permanent ; si la proposition ne peut être faite sur tout objet, le droit du peuple n'est pas entier. Evidemment, par ce raisonnement, dont on ne saurait contester la rigoureuse légitimité, nous arrivons à l'absurde. Chaque citoyen pourrait, tous les jours, présenter librement les projets les plus insensés et les plus subversifs et réclamer qu'il soit délibéré sur leur acceptation ! Il faut dont reconnaître que le droit du peuple, proclamé en France où il fait la base des principes dits de 89, y est appliqué d'une manière fort arbitraire et fort inconséquente. Néanmoins, tel qu'il fonctionne, il produit des effets dont il importe de s'occuper.

Nous ne parlons pas des insurrections qui jettent les gouvernements à bas et qui couvrent du nom d'exécution de la volonté populaire l'entreprise de vingt ou de cent mille gredins ou égarés ; mais il se fait maintenant une expérience véritable, quoique nécessairement fort peu complète et fort peu logique encore, de la souveraineté populaire qui suffit pour laisser découvrir les conséquence de la théorie dont elle est l'application.

Déjà nous avons vu demander publiquement l'avènement de ce qu'on appelle les nouvelles couches sociales, c'est-à-dire le bouleversement de la situation politique et de l'ordre social, et des élections déjà nombreuses ont consacré cette aspiration.

Il est facile de concevoir où cette voie doit fatalement nous mener, lorsqu'on réfléchit que la théorie de la souveraineté du peuple, poussée dans ses déductions inévitables, remet entre les mains des masses le pouvoir illimité de restreindre leurs obligations et d'étendre leurs droits. Une irrécusable évidence fait voir que l'inévitable résultat de l'application de cette théorie, c'est la satisfaction de toutes les passions, de tous les appétits, jusqu'à entier contentement de la majorité, c'est-à-dire, puisque cet entier contentement n'est pas possible, jusqu'à une lutte acharnée de convoitises, devant inévitablement aboutir à une catastrophe sociale.

Mais, objecte-t-on, la théorie du droit populaire ne lui donne pas action jusqu'à empiètement sur les grandes lois sociales qui protègent la religion, la famille et la propriété ; celles-ci lui sont supérieures et il est tenu de les respecter. — Et qui donc le lui démontrera ? qui pourra tracer la ligne de démarcation qu'il ne faut point franchir ? Puisqu'il n'y a pas dans la théorie d'autorité supérieure à celle du peuple, celui-ci sera donc à lui-même son propre juge. Il devra apprécier lui-même s'il ne dépasse pas la limite de ses droits ; ce qui ne fait que déplacer théoriquement le danger sans le changer.

Ne supposons même pas qu'il puisse se produire, d'un seul coup, ouvertement, explicitement, par l'action de la souveraineté populaire, une loi directement opposée à l'un des grands principes sociaux, quoique nous ayons vu pourtant la première Révolution française supprimer audacieusement la religion et violer la propriété. Mais ce qui est manifestement à craindre, ce sont des lois qui minent plus ou moins sourdement les bases sociales, et qui poussent ce travail de destruction légale jusqu'à ce qu'une rupture d'équilibre produise un complet bouleversement de la société.

Les exemples ne sont même plus à chercher pour achever cette démonstration; la majeure partie des esprits en voit, notamment, dans les projets d'instruction obligatoirement laïque, manifestement dirigés contre la religion, et dans les projets d'impôts progressifs, non moins évidemment préparés en vue de *l'universalisation* de la propriété.

L'épanouissement logique et, par conséquent, inévitable, de la souveraineté du peuple, c'est le socialisme athée.

Bien peu d'hommes s'illusionnent complètement aujourd'hui sur la perspective qu'ouvre devant nous notre situation politique; mais un trop grand nombre, malheureusement, cherchent le salut dans des transactions avec la Révolution. Ils ne comprennent pas que, si l'on peut amener des transactions dans les faits, on n'en amène pas dans les principes ; on ne fait pas capituler la logique. C'est donc en vain que vous chercherez à régler l'application de la souveraineté du peuple ou à la limiter. Dès lors que vous en maintenez le principe, la force des choses le fera échapper à vos efforts ; et il accomplira, par une réaction contre vos tentatives, ce que son développement normal eût produit.

I I

Nous avons constaté, non-seulement que le système de la souveraineté du peuple n'a jamais reçu d'application, mais aussi qu'une application de ce système, faite suivant les exigences de la logique, ne se conçoit même pas. Ajoutons que cette théorie sur l'origine du droit politique entraîne ce singulier résultat qu'elle ne comporte en quelque sorte aucun droit politique. Un des principaux caractères du droit est d'aspirer à durer ; la fixité est son premier besoin. Toutes les créations de la souveraineté du peuple seraient, au contraire, infirmées d'avance par l'autorité même dont elles émaneraient, qui n'affirme que le droit permanent de détruire ses œuvres. Aucune réalité ne répond à ce système, et on peut dire de ce qu'on appelle le droit du peuple qu'il est la négation de tout droit politique.

Prenons le contre-pied de ces caractères et nous avons ce qu'on appelle le droit traditionnel et national.

Il a pour lui l'expérience de tous les siècles et, tandis que le système de la souveraineté du peuple aspire à régner, au moins théoriquement, sur les ruines de toutes les institutions et de toutes les lois, de toutes les vérités reconnues et de tous les principes consacrés par soixante siècles, il n'admet pas que les principes fondamentaux de l'ordre politique puissent avoir été ignorés jusqu'à nos jours ; il proclame la solidarité de tous les peuples entre eux et de toutes les générations entre elles dans la reconnaissance et la pratique de ces principes, et professe que le droit politique, dont l'objet est de prévenir l'arbitraire aussi bien dans les actes des masses que dans ceux des individus, est supérieur à toute volonté passagère.

Est-ce à dire que le système du droit national ne fait que réduire en règles des faits d'expérience, qu'il n'est par conséquent qu'une sorte d'empirisme qui se défend des investigations à faire sur son terrain par la raison pure? Loin de là. Essayons de le démontrer.

Il est de l'essence même de tout droit d'émaner d'une autorité supérieure aux personnes juridiques qu'il est appelé à régir. Le droit civil, qui oblige les individus, émane des pouvoirs constitués de la nation, supérieure à chacun de ses membres. Le droit international, qui s'impose à chaque peuple, émane du consentement de tous les peuples, dont le concert est supérieur à chacun d'eux. Le droit social émane de la reconnaissance des préceptes de la loi naturelle faite d'un accord unanime par toutes les fractions simultanées et successives de la famille humaine. Le droit politique doit avoir une source analogue.

Mais, dit le système de la souveraineté du peuple, il n'y a pas, au moins humainement parlant, d'autorité supérieure à une nation en ce qui concerne sa conduite intérieure; d'où il conclut qu'il ne peut y avoir de règle pour un peuple que son bon plaisir.

Il faut distinguer. Oui, une nation n'est, humainement parlant, soumise à aucune autorité extérieure; mais il y a une suprématie qui s'impose à chacune des générations qui s'y succèdent, c'est celle de l'ensemble de ces générations. Il faut, en effet, admettre ou bien que celles-ci sont sans lien entre elles ou que leur ensemble exerce une autorité sur chacune d'elles.

La première de ces alternatives est inadmissible;

ce serait nier l'idée de nation que de l'accepter. En effet, si les membres de chaque génération nouvelle ne sont pas attachés à la nation par un lien antérieur à leur naissance, ils naissent libres de toute attache nationale, toutes les lois qui régissent la nation sont nulles pour eux, jusqu'à ce qu'ils aient expressément consenti à les accepter. Qu'on s'arrête un instant à creuser les conséquences, et on arrivera de toute part à l'absurde. Il faut accepter l'autre alternative, et admettre que l'ensemble des générations qui se succèdent dans une nation exercent une autorité sur celles qui les suivent. Ce sont les décisions de cette autorité qui forment le droit politique que nous avons appelé le droit traditionnel.

Les partisans de la souveraineté du peuple objectent le droit de chaque génération, à laquelle des besoins nouveaux, des tendances nouvelles imposent la nécessité de modifier les institutions qu'elle a reçues de celles qui l'ont précédée. Rien de plus vrai que ce droit, dès lors qu'il ne s'agit que de satisfaire à des besoins certains, à des tendances réelles ; mais jamais ces besoins et ces tendances ne vont jusqu'à exiger le renversement de la Constitution.

Qu'on le remarque, les générations ne se succèdent pas l'une à l'autre d'une seule pièce et comme par tranches régulières. Elles se renouvellent insensiblement. Leurs besoins et leurs tendances ne peuvent donc que se modifier de la même manière, chaque nouvel individu trouvant dans le tempérament qu'il a reçu de ses parents, dans l'éducation qui lui est donnée, dans les exigences du milieu où il se trouve placé, beaucoup plus de raisons pour continuer que pour changer. Concluons donc que le droit politique d'une nation peut se modifier dans la même mesure que sa race, qui se perpétue beaucoup plus qu'elle ne se transforme par la succession des générations, et que les conditions de son existence, qui se continuent beaucoup plus qu'elles ne changent.

On se fait souvent une étrange idée du droit politique, qu'on se représente comme une règle plus ou moins arbitraire dont on ne considère que les exigences: C'est la manière la plus fausse d'envisager ce grave sujet. La façon la plus étroite de le faire, c'est de ne voir dans le droit politique que la détermination de ce qu'on appelle de nos jours le pouvoir exécutif. Le droit politique n'est et ne peut être que la consécration d'un ensemble de principes, dont le respect et l'application sont reconnus nécessaires au maintien de l'ordre dans une nation et au développement de la prospérité de celle-ci.

On a donné à ce que nous appelons droit traditionnel un autre nom, celui de droit divin, dont les adversaires ont fait mépris et qu'ils ont jeté comme une insulte aux partisans de ce droit. Nous tenons à faire remarquer que nous ne repoussons pas ce nom et encore moins les considérations qui le motivent.

On a remarqué, et non sans raison, que les délibérations de l'homme n'entrent que pour une part infime dans la formation des constitutions. J. de Maistre a établi cette vérité avec l'irrésistible puissance qui appartient à ses écrits. Nous l'avons déjà dit, en parlant de la patrie, les constitutions naissent d'un concours de circonstances que nulle direction humaine né conduit, et la volonté de ceux qu'elles régissent n'agit jamais véritablement que pour les accepter et les confirmer.

Quel est donc le véritable auteur de ces constitutions? Les esprits chrétiens ou seulement religieux, qui croient en l'intervention de la Providence dans les affaires humaines, ont répondu : Dieu. Il n'y a pas là matière à insulte. Libre à tous, d'ailleurs, d'appeler hasard ou force des choses cette puissance inconnue.

Nous n'avons pas voulu remonter dans notre démonstration jusqu'à ces considérations. Nous avons jugé préférable de ne rien entreprendre qui ne fût nécessaire, et l'assentiment des générations suffit, croyons-nous, pour établir solidement le droit politique. Mais nous tenons, pour l'honneur de nos opinions, à dire que, pour nous, notre patrie est l'œuvre de Dieu, et sa constitution le gage providentiel de sa prospérité et de sa gloire et l'instrument de la mission qui lui est confiée dans les plans de la sagesse divine.

Mais, quoi qu'on veuille penser de la genèse des constitutions politiques, soit qu'on fasse sortir celles-ci de la volonté divine ou de l'action de l'aveugle force des choses ; soit qu'on voie dans les règles qui les composent le résultat des délibérations du peuple ou la manifestation spontanée du génie national, aux prises avec les difficultés et les besoins auxquels il a eu à répondre, nous n'en arrivons pas moins à la même conclusion. Si l'on ne veut reconnaître l'œuvre de Dieu et céder à sa volonté, il faut obéir aux lois imposées par la nécessité; si l'on n'est satisfait de constater dans les institutions de son pays l'œuvre inconsciente du génie national, que l'on y cherche la volonté des générations dont chaque génération nouvelle est étroitement solidaire.

Tel est le droit qu'on appelle quelquefois le droit

divin, que nous avons appelé le droit traditionnel ou national et que l'on peut nommer à très juste titre le droit du peuple, enlevant ainsi ce nom à la théorie qui l'usurpe et où il n'est qu'un mensonge, comme tout le reste.

Après ce coup-d'œil jeté sur les deux systèmes qui se disputent l'opinion au sujet du droit politique, examinons rapidement l'objet d'une des plus graves questions du moment, le suffrage universel. Il nous permettra de suivre plus loin dans leurs conséquences les deux théories qui viennent de nous occuper. Son extrême importance en fait comme une pierre de touche qui permet de contrôler la valeur de l'une et de l'autre.

# LE SUFFRAGE UNIVERSEL

Oui, la question du suffrage universel est, de nos jours, la pierre de touche des systèmes politiques. Et l'épreuve dont elle est l'instrument est inévitable.

Personne n'en saurait plus douter à présent, il faut y triompher ou périr. Soumettons-y donc par la pensée, dans quelques réflexions, les deux théories politiques que nous venons d'examiner.

Rappelons d'abord que l'auguste voix de Celui qui représente le principe du droit traditionnel a résolûment et sans restriction proclamé la nécessité du suffrage universel, aux applaudissements de tous ses fidèles.

Et c'est avec pleine raison qu'il l'a fait. Où serait, en effet, le danger du suffrage universel, s'il n'était donné à celui-ci de se mouvoir que dans les limites fortement tracées par un droit politique qui bornât la sphère légitime de son action ?

Que l'on considère, d'ailleurs, que, chez un peuple libre, dépouiller de toute action politique la majorité ou même une classe des citoyens, cela ne se comprend pas. Cela ne serait pas supporté non plus. Le droit, qui appartient à tous, au nom de la logique, dans un pays de gouvernement représentatif, de faire *représenter* ses intérêts devant le pouvoir, deviendrait l'objet des plus légitimes revendications et le couvert de toutes les aspirations subversives. Et la France, à supposer qu'elle ait encore une force de vie capable de supporter de plus longues crises, oscillerait perpétuellement entre les tentatives démagogiques et les réactions arbitraires, qui seraient seules capables de maintenir, pendant quelque temps, une politique aussi fausse que celle qui aurait pour base le privilége censitaire.

Ce privilége ne produit qu'une forme de la tyrannie, et la plus arbitraire de toutes. C'est l'esclavage politique du grand nombre, au profit de quelques-uns ; c'est une oligarchie juste assez étendue pour être présente et sensible à tous. Aussi est-ce la meilleure école d'antagonisme social ; et, pour cela, rien ne pourrait être plus dangereux aujourd'hui.

Malgré ces raisons, la question est tranchée différemment par la plupart de ceux des conservateurs qui méconnaissent, au moins par leur indifférence, le droit politique traditionnel, et qu'il faut, par conséquent, ranger parmi les partisans de la souveraineté du peuple.

Le suffrage universel effraie surtout, parmi eux, ceux qui en sont l'immense majorité et qu'un barbarisme, digne de l'opinion bâtarde qu'il indique, a nommé des *monarchistes*. Les uns voudraient se débarrasser des terreurs que leur cause le suffrage universel en le supprimant coûte que coûte et à tous risques. Les autres se contentent de demander le retour de leur tranquillité à une monarchie quelconque, qui cache sous des allures libérales la volonté et la force de tenir en respect le monstre immense et insaisissable qui les épouvante. Il est charitable de leur prouver, qu'étant données leurs idées politiques, la suppression du suffrage universel est impossible, impossible aussi la limitation de son redoutable pouvoir ; bien plus, qu'une monarchie telle qu'ils l'entendent est *logiquement* impossible aussi, ce qui veut dire, *qu'en fait,* une monarchie de ce genre ne peut jamais être durable.

Etant donnée la souveraineté du peuple, l'absence du suffrage universel est absolument injustifiable, car il en est le corollaire inévitable. Une réflexion rendra cette vérité sensible.

Supposons le moment où la revendication de la souveraineté du peuple se fait dans une nation, pour arriver au changement de sa constitution. Qui prononcera légitimement, d'après le principe invoqué, sur ce changement ? Seront-ce les pouvoirs établis ? Nécessairement non, car ces pouvoirs n'existent que dans les limites de leur mandat, qui leur confie l'application , non le changement de la constitution. Qui sera-ce alors ? Impossible de répondre à cette question sans recourir à tous les citoyens, aucun d'eux ne pouvant être écarté sans arbitraire.

Bien plus, supposons que l'on arrive à obtenir, directement ou indirectement , du suffrage universel la renonciation à ses droits; cette renonciation n'aurait qu'une portée précaire, puisque la conséquence essentielle de la souveraineté permanente et inamissible du principe du peuple est de permettre à celle-ci de revenir incessamment sur ses décisions.

La théorie de la souveraineté du peuple ne comporte donc pas l'absence du suffrage universel. Est-il possible du moins avec elle de l'organiser de manière à en amoindrir les dangers ?

Organiser l'autorité d'où doit émaner toute organisation, cela ne se conçoit même pas. Si elle était organisée par une autre autorité, celle-ci lui deviendrait immédiatement supérieure. Quant à s'organiser elle-même, ou elle le ferait sans réserves, et alors ce serait une abdication, ce qui, d'après la théorie, est impossible, ou elle le ferait sans se lier, et ce ne serait qu'un engagement illusoire.

D'ailleurs, comment le suffrage universel pourrait-il bien, sans atteinte à la souveraineté du peuple, être réglé d'une manière qui garantît l'ordre contre ses excès ? Il ne pourrait l'être, d'abord, par des restrictions à son omnipotence. Tandis qu'avec le système du droit traditionnel la sphère d'action du suffrage universel est délimitée par les principes sociaux : religion, famille, propriété, que consacre avant tout ce droit, et par les fondements de la constitution politique, qu'il place hors de toute atteinte, la théorie de la souveraineté du peuple a pour dogme imprescriptible que la volonté de celui-ci est la seule loi.

Se peut-il davantage que des modifications quelconques viennent atténuer les effets du suffrage universel, en y plaçant un contre-poids à la puissance brutale du nombre ?

Le droit traditionnel, non-seulement admet une réglementation du suffrage universel, mais même la réclame. Pour lui, en effet, le suffrage n'est que le moyen fourni à la nation pour faire *représenter* ses *intérêts* devant l'autorité souveraine. Il devient donc naturel, logiquement nécessaire même, que tous les intérêts prennent place, par un procédé quelconque, dans les votes, en proportion de leur importance ; ce qui enlève à ceux-ci tous leurs dangers, en rétablissant entre tous les droits divers l'équilibre rompu dans l'autre système, en faveur exclusive des droits personnels, au profit de la seule force du nombre. Dans le système de la souveraineté du peuple, au contraire, il est demandé au suffrage universel, non de donner au peuple le moyen de faire représenter ses intérêts, mais de lui fournir un mode pour l'exercice de sa souveraineté. Or, la souveraineté ne peut reposer que sur des personnes. Il faut donc, dans ce système, que les personnes seules soient représentées dans l'État, à l'exclusion des intérêts, soit de communautés ou de corporations, soit de propriété. En un mot, la théorie de la souveraineté du peuple entraîne, et d'une manière absolument inévitable, le triomphe de la majorité, sans nulle atténuation, sans nul contrôle possible. Les radicaux n'ont rien dit de trop là-dessus, car l'exagération est impossible. La théorie de la souveraineté du peuple, c'est la consécration de la puissance absolue, sans limite, de la foule.

Les conservateurs empiriques cherchent du moins à s'accrocher, comme à une branche de salut, à un pouvoir qui prenne à tâche de contenir sous une main de fer la redoutable puissance du suffrage universel. Mais sur quoi donc s'appuiera ce pouvoir? sur quelle base pourra-t-il s'asseoir? Il reposera nécessairement sur la souveraineté populaire et, par conséquent, sur le suffrage universel, qui le pourra secouer et jeter à bas à son gré.

Il est vrai que tout ceci n'est que de la théorie, et que c'est précisément le propre de l'empirisme de mépriser la théorie. Il est vrai aussi que deux fois on a organisé, plus ou moins fictivement, une monarchie qui a vécu quelques vingt ans. Mais, outre que c'est bien peu que vingt ans de durée pour un régime politique, est-il possible de recommencer, même pour un temps égal, un de ces deux expédients ?

Le premier, tout en se disant issu de la volonté nationale, eut l'habileté de ne jamais s'adresser à la nation ; tout en prétendant s'appuyer sur la volonté du peuple, il eut bien soin de n'admettre dans le « pays légal » que la bourgeoisie. C'était le triomphe de l'empirisme conservateur.

Malheureusement pour celui-ci et fort heureusement pour la France, pour notre honneur et pour la justice, cet échafaudage s'est promptement écroulé, et c'est pour jamais, nous en avons la confiance. Comment, en effet, pourrait-on parvenir à restaurer cet édifice d'équivoque, qui s'appuyait à la fois sur deux droits qui s'excluent rigoureusement l'un l'autre, et qui ne tenait au premier que par une trahison, au second que par un mensonge? Un esprit sérieux pourrait-il imaginer maintenant la suppression du suffrage universel ? et si un tel esprit l'a rêvée, a-t-il calculé le nombre de baïonnettes qu'il faudrait pour chasser le peuple des urnes ? Or, comment se représenter l'orléanisme vivant avec le suffrage universel, lui qui n'a pu vivre avec le suffrage restreint?

Napoléon III a compris l'impossibilité de braver le suffrage universel. D'un coup de maître, il réussit à en faire sa chose. Mais l'Empire s'appelait alors Austerlitz ; il s'appelle aujourd'hui Sedan. Et puis, le suffrage universel passe par une école dont il ne sortira pas sans en emporter de redoutables enseignements. Comment croire qu'un césarisme sans légende puisse désormais parvenir à le dompter, tout en le proclamant souverain ?

Non, il n'est pas possible à notre société moderne de

s'endormir dans la tyrannie ou l'arbitraire. Un mélange, après tout heureux et glorieux, de qualités et de défauts s'y oppose. Elle se relèvera ordonnée et libre ou elle périra.

Comprenez-le bien, conservateurs; et, l'ayant fait, vous déciderez en connaissance de cause laquelle, de la République de la souveraineté du peuple ou de la Monarchie traditionnelle, peut supporter le suffrage universel avec le moins de dangers pour vos intérêts.

Le sphinx révolutionnaire a fait à la raison humaine le dangereux honneur de lui poser cette redoutable question : Quelle est la limite du droit de chacun ? Et il a dévoré quiconque a osé l'aborder sans savoir lui répondre. Tous les jours il deviendra plus impitoyable, jusqu'à ce que la solution de son énigme le force à se briser la tête.

## LA PATRIE FRANÇAISE

En recherchant les sources du droit politique, après avoir analysé les éléments de la réalité qui répond à l'idée de patrie, nous avons été frappés nous-mêmes de l'identité des résultats que nous avons successivement obtenus sur l'un et l'autre de ces deux points.

Nous pouvons nous résumer en disant que le lien qui forme une nation et le droit politique de celle-ci ne sont l'un et l'autre qu'une même chose : sa constitution, en entendant ce mot dans le sens qui le rapproche le plus étroitement de celui de nature et de tempérament. Dans cette constitution , comme dans celle d'un individu , est l'organisme de la vie d'une nation , et d'elle ressort son caractère propre et distinctif, ce que nous avons appelé sa personnalité.

Et, comme l'a si fortement établi J. de Maistre, les constitutions écrites n'en sont que la reconnaissance, la déclaration ou ne sont rien.

Jamais une nation n'a présenté un exemple plus frappant que la nôtre de la formation, du développement d'une constitution politique, et surtout des attaques dont elle peut être l'objet et des conséquences que peut entraîner cette étrange perturbation. A ce point de vue, combien sont intéressants à examiner les grands traits de notre histoire !

A la première page de nos annales, le spectacle qui s'offre à nous, c'est la vue d'un grand peuple, autrefois énergique, fier, conquérant d'une partie du monde, à qui la domination étrangère a enlevé, avec son autonomie et sa constitution, sa force, sa volonté, ou plutôt et pour tout dire en un mot, son existence comme nation. La puissance romaine , en laissant tomber la main, devenue impuissante, qui avait étreint les Gaules, y laissait des agglomérations d'hommes, mais non plus une nation. C'est ce qui explique la conquête opérée si aisément par différents envahisseurs et le facile établissement des Francs, qui n'eurent affaire, pour s'emparer du pays, qu'à leurs compétiteurs barbares et point du tout aux indigènes.

Ce furent les Francs qui, en rendant à nos ancêtres une constitution, en refirent une nation. Aussi est-ce avec pleine raison que l'histoire de notre patrie date de leur invasion et que leur nom est devenu le sien.

A leur tour, les vainqueurs furent subjugués par la religion des vaincus. Ils leur avaient apporté la Monarchie ; ils en recevaient le Christianisme. La nouvelle nation était dès-lors en possession des deux éléments fondamentaux de tous les peuples, un culte et un régime politique. La France commençait.

Comment ces fondements réglèrent en quelque sorte la structure de notre édifice national, comment le génie français, profondément pénétré de l'un et de l'autre de ces deux principes, en suivit la direction, c'est ce qu'il faut demander aux rares historiens qui ont compris notre histoire, avant d'en raconter les faits. Nous devons nous borner à rappeler les plus grands traits du développement de nos institutions. Ce qui nous y frappe le plus, et nous le proclamons hautement, c'est que, grâce au Christianisme et aussi à la Monarchie, la liberté, non-seulement y a grandi rapidement, mais encore y a été, à toutes les époques, aussi développée que les temps le comportaient.

On a bien vite fait de jeter à notre constitution nationale le souvenir de la féodalité, comme s'il lui avait été possible de se dégager, dès l'abord, des conséquences inévitables de la conquête du pays par un peuple barbare. La première fut le partage du sol entre les vainqueurs. Plus tard, d'autres causes maintinrent et développèrent ce que la conquête avait établi : ce furent les invasions normandes, l'affaiblissement du pouvoir central et même sa disparition. Mais qui ne comprend que la féodalité fut alors un immense bienfait, car, sans elle, l'impuissance du gouvernement central eût été l'absence de tout gouvernement.

Dans les temps plus calmes qui suivirent, la féodalité fut le seul contre-poids possible à la puissance royale qui, sans elle, n'en aurait pas eu. Elle maintint dans l'Etat une véritable pondération de pouvoirs, et ce n'est que par elle que les premiers temps de notre histoire purent connaître, et de la manière la plus complète, ce qui est, dans tous les temps, le plus vrai et le plus puissant élément de liberté, la décentralisation.

Grâce aux efforts appliqués et énergiques de la royauté, la féodalité ne survécut pas à l'état social et politique qui l'avait rendue nécessaire. Le rôle que nos rois jouèrent dans l'émancipation des communes n'est nié par personne. La seule question à poser serait de savoir s'ils n'ont pas dépassé le but, en affaiblissant la noblesse plus que ne le rendait nécessaire la suppression de la féodalité. Mais nous ne voulons pas aborder cette question que nous ne pouvons traiter ici.

A peine constituées, les communes prennent place par leurs représentants dans les assemblées de la nation, où elles jouent un grand rôle. Il faut lire l'histoire de ces assemblées, il faut entendre les paroles, si respectueuses et si fermes, si sages et si hardies, des représentants de la nation devant l'autorité royale, pour se bien pénétrer du fier et noble mélange de respect pour les principes politiques et de franchise d'allures qui est l'un des caractères distinctifs de notre constitution nationale. Le souvenir des grands capitaines, des grands écrivains, des grands artistes évoque devant nous la France brillante et célèbre; c'est à l'histoire de nos États-généraux qu'il faut demander de nous révéler la France politique, la France des puissantes traditions et de la vraie liberté. Quel respect, quel culte, allions-nous dire, pour la Monarchie, personnification et gardienne, en quelque sorte immortelle, de nos traditions, et quelle franche hardiesse en face de tous les détenteurs du pouvoir! Nos pères possédaient alors le secret, que nous avons perdu, d'être respectueux et soumis devant les principes, libres et fiers devant les hommes. Malheureusement pour la prospérité de notre patrie, l'épanouissement de sa liberté s'arrêta brusquement.

A ce sujet, il importe de se demander si le pouvoir absolu que prirent les rois ne fut pas le produit naturel d'une réaction contre l'esprit de révolte né du protestantisme, si cet absolutisme ne fut pas voulu par la nation, comme un refuge contre les troubles et les souffrances qu'avaient produits les guerres de religion et celles de la Fronde.

Mais quelles que soient la cause du développement excessif du pouvoir royal et la responsabilité qu'il en faut charger , le fait n'en est pas moins grandement regrettable. Il préparait l'inévitable et terrible réaction dont le moindre tort fut d'être incomparablement plus excessive encore. Pour l'honneur de notre patrie, n'oublions pas de remarquer que, si puissante que fut chez nous la royauté, à une certaine époque, elle eut toujours pour contre-poids de son pouvoir une force plus puissante encore dans notre pays : l'opinion.

En même temps que les développements de notre constitution politique se trouvaient enrayés et refoulés, l'esprit religieux, qui les avait inspirés et dirigés, en formant le caractère et les mœurs de notre patrie, s'abâtardissait chez les uns , se perdait chez d'autres, et, tandis que les gardiens naturels de la foi laissaient s'introduire des abus, au milieu desquels les prétentions royales sont à compter pour une large part, l'esprit d'irreligion s'attaquait, avec une puissance et une passion jusque-là sans exemple, à nos croyances et à nos mœurs. Devenu maître de l'opinion dominante, ce fut lui qui osa entreprendre les réformes dont l'initiative et l'accomplissement appartenaient aux doctrines dont était sorti l'état social et politique qu'il fallait régénérer. Son œuvre est connue maintenant, quoiqu'elle soit loin d'être pleinement appréciée dans sa valeur et dans ses effets. Ce qu'il fallait régénérer il s'acharna à le faire disparaître. Ce que la vérité chrétienne et l'enthousiaste et généreux dévouement qu'elle inspire avaient fait pour la France, et qu'ils auraient pu seuls restaurer, s'est écroulé peu à peu sous les efforts des mensonges de l'irreligion et de l'égoïsme et des passions qu'elle déchaîne. Notre constitution politique a disparu, nos traditions religieuses ont été rejetées par les gou-

vernements qui se sont emparés de notre pays. Contre
la France de Charlemagne, de Pierre-l'Hermite, de
saint Louis, de Jeanne d'Arc, d'Henri IV et de Bossuet,
s'est levée une autre France qui n'en est que la négation et qui, chose étrange et pourtant nécessaire, n'a
vécu que des forces qu'elle en a reçues et grâce aux
compromis que des habiles se sont sans cesse employés
à établir entre les deux.

Mais ces compromis n'ont duré que ce que durent
tous les compromis entre la vérité et le mensonge et, à
mesure qu'ils se succédaient, les progrès de la négation
de tout principe et de la ruine de toute force gran-
dissaient dans notre malheureux pays.

Nous sommes arrivés indubitablement au moment où
les derniers efforts de l'empirisme politique, pour
recommencer l'hybride alliance de la Révolution avec
la France, sont devenus impuissants. Insensé ou cou-
pable qui le nie. Il faut ou que la France sorte sans
retards victorieuse de sa lutte contre la Révolution ou
qu'elle périsse sous les coups de celle-ci.

A ceux qui veulent se grouper autour de la France
de nos traditions, pour la sauver, nous allons maintenant chercher à dire ce qu'elle est aujourd'hui. En
examinant l'état actuel de notre droit politique, nous
verrons que dans les doctrines du parti qui le conserve
se trouve tout ce qui est essentiel à la renaissance de
notre constitution nationale, et rien qui ne lui soit
nécessaire, rien aussi qui soit contraire aux vraies
aspirations de la société moderne.

Des grandes traditions que nous venons de rappeler
on doit conclure que tout notre droit politique est
contenu dans deux principes, seuls essentiels, le Chris-

tianisme et la Monarchie. Nous espérons démontrer que le parti resté fidèle à ce droit, que le prince qui en est le dépositaire et le gardien, ne demandent rien que ce qui est rigoureusement indispensable au respect et à l'application de ces deux principes et de leurs corrollaires inévitables, laissant aux libres aspirations des générations nouvelles la faculté de se mouvoir sans entraves sur ce terrain ferme et sacré.

II

# LA VRAIE FRANCE D'AUJOURD'HUI

———

## LE DROIT D'HENRI V

Etant donnés les principes politiques auxquels nous avons conclus, la première déduction à en tirer se présente de soi. Quel est celui qui doit être placé à la tête du gouvernement de la France, sinon le Prince que désignent les règles organiques de notre constitution?

Pour méconnaitre le droit d'Henri V, la plupart de ceux qui l'ont fait n'ont été, le plus souvent, inspirés que par cette sorte d'empirisme politique qui a substitué, dans bien des esprits, à l'autorité des principes le seul ascendant des faits immédiats.

Quelques doctrinaires cherchent cependant à justifier par le raisonnement le mépris des droits du petit-fils d'Henri IV. Voici comment ils s'y prennent :

Ils disent qu'avec la chaine des rois, rompue deux fois par le meurtre de Louis XVI et l'exil de Charles X, s'est rompue aussi celle de la transmission du droit royal. Ils citent l'exemple de la chute des races royales précédentes, et ils concluent que, puisque celles-ci ont pu perdre leurs droits par la dépossession, il doit en être de même des Capétiens.

Il pourrait se faire qu'il en fût de même à certaines conditions, soit ; mais ces conditions se sont-elles réalisées ? Nous le nions absolument.

Constatons d'abord que la chute des Bourbons ne peut en aucune manière être assimilée à celles des premières races. Lorsque les Carlovingiens sont montés sur le trône, leurs prédécesseurs avaient cessé, depuis longtemps, d'être capables de l'occuper. Ce ne fut que peu à peu, à mesure que ceux-ci en disparaissaient pour ainsi dire et comme par la force des choses, qu'ils y arrivèrent. L'avènement des Capétiens s'opéra à peu près de la même manière. Ils ne prirent le pouvoir que parce qu'il était en quelque sorte abandonné par des princes qui, par indolence ou par choix, restaient éloignés, même aux heures des plus pressants dangers. En est-il de même ajourd'hui? Nous voyons que les premiers changements de races ont eu lieu par nécessité et pour le besoin de la France ; la double chute des Bourbons, œuvre de la seule violence, a été pour le pays le signal et la cause de tous les maux.

Et le prince qui représente la famille descendue du trône, a-t-il disparu moralement comme les rois fainéants par son incapacité ou sa faiblesse? Ne le voyons pas, au contraire, se déclarer prêt, pour remplir son devoir, à supporter le fardeau d'une situation pleine de difficultés et de périls jusque là sans exemple dans l'histoire ; ne le voyons-nous pas forcer, par la hauteur de ses vues et l'incomparable noblesse de son caractère, l'admiration de tout ce qui, parmi ses ennemis, a de la raison et de l'honneur ?

Mais, dira-t-on, il n'en est pas moins vrai que d'autres ont régné. Il en est résulté en leur faveur une sorte de prescription qui a effacé le droit des Bourbons.

Une prescription.... Mais, pour que l'acquisition d'un droit puisse s'opérer par ce mode, il faut, en toute matière, certaines conditions, en dehors du fait de la possession et même de la durée. En droit civil, par exemple, il faut, entre autres, l'absence de réclamations du propriétaire pendant un long espace de temps, pour que la prescription s'accomplisse. Evidemment, ces règles ne sont pas, absolument parlant, applicables en matière politique ; mais il n'en est pas moins certain qu'elles doivent y avoir leurs analogues. Ainsi, si l'on n'admet pas que la seule protestation d'un prince détrôné suffise à maintenir son droit, au moins devra-t-on reconnaître que la prescription ne peut s'accomplir pleinement, au profit d'une nouvelle famille de rois, tant que les protestations du représentant de la famille dépossédée trouvent dans le peuple un écho notable et sérieux, tant qu'il y conserve un parti honorable et fort. Ce n'est que lorsque l'universalité de la nation a reconnu, par une adhésion complète et durable, la nouvelle situation politique, qu'on peut dire que celle-ci est réellement consacrée. Jusque-là, il n'y a d'autre consécration que celle de la force, tout au plus celle du nombre qui ne prouve rien. Eh bien ! les Bourbons ont-ils jamais cessé d'avoir en France un groupe notable de très-honorables partisans, qui ont persévéré malgré tous les sacrifices qu'ils ont eu à supporter pour le faire?

Nous pourrions continuer cet examen et constater, par exemple, que des établissements de vingt ans ne peuvent suffire à éteindre par la prescription le droit à un trône, quand il en faut davantage pour faire perdre la propriété d'une bicoque. Résumons plutôt, en disant, comme le plus simple bon sens semble l'indiquer, que ce n'est pas trop du concours des volontés, des faits et du temps pour constater qu'un nouvel état de choses politique a cessé d'être une usurpation, pour devenir légitime. Cette triple épreuve est nécessaire pour établir que le changement qui s'est opéré était réclamé par l'intérêt de la nation. Aucun des gouvernements qui se sont substitués aux Bourbons a-t-il reçu cette consécration ? Peut-on dire, par exemple, que les faits ont prononcé en leur faveur ?

Et d'ailleurs, qu'est-il besoin de ces consilérations étroites et secondaires pour répondre à la question de la prescription du droit royal des Bourbons. Nous avons bien mieux à faire que de les indiquer, en rappelant les principes qui sont la base de cet écrit. Le droit politique n'a pas seulement pour objet la désignation d'un souverain ; il est la consécration du tout un ensemble de maximes émanées de nos traditions nationales. Pour qu'une prescription acquisitive du droit royal puisse s'opérer au profit d'une famille nouvelle, la première conditions est la conformité de la politique de cette famille avec les principes de notre droit politique. Or, laquelle des familles qui ont régné sur la France, depuis la chute des Bourbons, a rendu à notre patrie cet admirable mélange d'autorité et de liberté qui a été de caractère distinctif des mœurs politiques de nos ancêtres ? Laquelle a restauré chez nous la monarchie chrétienne ? Laquelle enfin n'a pas prétendu régner en vertu du droit révolutionnaire de la souveraineté du peuple repoussé, non-seulement par notre droit politique français, mais aussi par l'expérience de tous les peuples ?

Laquelle donc de ces familles a pu ravir à Henri V le titre d'héritier de Charlemagne et de Saint-Louis ?

# LA POLITIQUE LÉGITIMISTE

## I

Jusqu'à présent, en rappelant les doctrines du droit politique traditionnel, nous n'avons rencontré, en opposition avec ses principes et leurs applications, que des opinions qui ont un corps aisément saisissable ou qu'on peut, en les pressant un peu, contraindre de se dépouiller de vains dehors, pour prendre une forme nette et accusée. Il nous reste maintenant a examiner un groupe, nous ne dirons pas de maximes, mais d'idées, de tendances diverses, vagues et fugaces, où le Protée révolutionnaire cherche à se réfugier, comme pour un dernier expédient, sous le nom de libéralisme. La tâche n'est point aisée, non précisément par la difficulté de combattre ces opinions, mais par l'embarras de les saisir.

Commençons par écarter toutes celles des opinions dites libérales qui s'appuient plus ou moins franchement sur les doctrines révolutionnaires que nous avons examinées jusqu'à présent, pour ne nous occuper que de celles des formes, ou plutôt de celui des fantômes, du libéralisme qui semble reconnaître le droit politique traditionnel, mais réclame ce qu'il appelle des concessions à l'esprit moderne.

A ne juger que d'après cet énoncé de l'opinion royaliste libérale, — et nous nous déclarons incapables d'en trouver un autre — rien de plus juste que ce qu'elle réclame; mais il faut aller au fond.

Les nations ne sont point immobiles dans leur existence. Et nous, partisans du droit national, qui ne voyons la vérité politique que dans les principes émanés des besoins et des tendances de la nation, nous serions les derniers à dénier aux générations nouvelles leur influence sur les règles politiques et la manière de gouverner. Bien plus, nous reconnaissons qu'à la vieillesse d'une nation sont inhérents certains principes de décrépitude dont on peut s'efforcer de retarder les effets, mais qu'il est inutile et dangereux de chercher à supprimer. Eh bien! ces maximes posées, nous croyons fermement que le parti royaliste, et surtout son auguste chef, s'y conforme rigoureusement, et nous espérons l'établir, en prouvant qu'il ne réclame que le rétablissement de la Monarchie chrétienne, dans ses principes rigoureusement essentiels et leurs conséquences logiquement inévitables ; tandis que le libéralisme ne respecte pas pleinement ces principes essentiels de notre existence nationale : le Christianisme et la Monarchie.

Occupons-nous d'abord du côté purement politique du sujet; nous examinerons ensuite celui qui touche à la religion.

Le royalisme libéral est, il nous semble, tout entier dans un mot, car ce n'est qu'un mot, qui exprime une conception vague, indéterminée : la monarchie constitutionnelle. Comme s'il pouvait y avoir une monarchie ou un régime politique quelconque qui ne fût pas *constitionnel !*

Pour donner à cette conception une réalité, au moins spéculative, on a cherché à la définir, et on en a fait un système dans lequel « le roi règne et ne gouverne pas : » définition dont le moindre défaut est d'être horriblement prétentieuse, et qui y joint le tort décisif d'être un véritable non-sens ; car, où peut être, non-seulement la raison d'être du règne, mais même sa réalité, si ce n'est dans l'action de gouverner ?

Ce n'est pas cependant que nous ne soyons prêt à reconnaitre que la mission d'une Monarchie se peut décomposer en deux parts, dont l'une peut, selon les temps, arriver à s'atténuer jusqu'à disparaître en apparence presque complètement ; mais la distinction entre l'une et l'autre doit être faite d'une manière moins fantastique que dans la trop fameuse définition que nous venons de rappeler.

En effet, la Monarchie héréditaire assume en s'établissant une double tâche : elle devra conserver le droit politique et exercer le pouvoir.

La première partie de cette mission ne s'aperçoit pas assez ; et pourtant c'est en elle qu'est la principale raison d'être de l'hérédité ; c'est à elle qu'est sacrifié l'avantage, si grand en apparence, si trompeur en réalité, de pouvoir faire successivement choix pour le trône du plus digne. Par elle, le roi est le dépositaire, le témoin, le défenseur, la personnification du droit politique de la nation ; et l'hérédité a cet effet, de donner, en quelque sorte , l'immortalité à cette personnification. Pour qui comprend toute l'importance du droit politique, pierre angulaire d'une nation faite de ses principes politiques et de ses traditions, la grandeur de la mission qui incombe à la royauté de le conserver intact et inébranlable est immense. Pour reprendre une expression que nous avons crue rigoureusement appropriée, par cette mission, la royauté porte en elle l'âme même de la nation.

L'autre part de la mission royale est d'exercer le pouvoir. Mais, tandis que la première est, de sa nature même, stricte et rigoureuse — puisque le devoir de conserver comporte, dans les termes mêmes, l'obligation de conserver intact — celle-ci peut être limitée par des institutions ressortant de l'état politique de la nation, de son tempérament, du développement de l'esprit public et de mille autres causes. Et les progrès de l'émancipation administrative et même, dans un certain sens, gouvernementale d'un peuple, peuvent être, comme nous l'avons dit, presque indéfinis.

L'Angleterre nous permet d'appuyer tout ce que nous venons de dire du plus remarquable exemple. Ce que nous avons appelé la seconde partie de la mission du souverain y est à ce point réduite à l'état latent, qu'elle semble avoir disparu de la constitution du pays, et la première ressort d'une manière d'autant plus frappante qu'elle semble exister seule. A un esprit superficiel, qui ne comprend pas l'importance de la conservation à travers les âges des traditions nationales, la Royauté paraît inutile en Angleterre. Et pourtant, il n'y a pas au monde de peuple qui soit plus attaché à la Monarchie que le peuple anglais.

On cite souvent, et la plupart du temps sans la comprendre, une célèbre définition de la royauté anglaise, attribuée à lord Brougham : « C'est le clou auquel est accrochée la Constitution. » Si les esprits français voulaient ne pas s'attacher à la nature de cette comparaison, qui se ressent du sans-façon britannique, nous nous empresserions de la retenir. Oui, dans une nation assez sage pour être libre, la Royauté peut n'être que le clou qui supporte la Constitution, pourvu que ce clou soit assez fort pour ne pas céder sous le poids et laisser choir la Constitution dans la fange et le sang des révolutions.

Ou plutôt, disons que, de même que le tempérament, la religion, la situation géographique et politique, les mœurs et les traditions d'un peuple sont la base de l'édifice qui a nom une nation, la Royauté en est la clef de voûte. Il faut donc qu'en elle se trouve une force de résistance assez considérable, une stabilité assez inébranlable, pour qu'elle puisse résister aux passions de toute sorte qui se mêlent aux matériaux du monument, comme autant de causes de ruine.

## II

Telle est, à notre sens, la distinction qui peut être établie dans le rôle de la Monarchie. C'est par l'atténuation de la partie la plus active, la plus apparente de sa mission que la Monarchie devient tempérée ou, si l'on veut, constitutionnelle. Nous reconnaissons que cette atténuation peut être en quelque sorte indéfinie; et tous nos désirs sont pour que l'action gouvernemental du pays puisse prendre chez nous une grande extension. Tous les véritables légitimistes pensent comme nous, et nul ne le fait mieux ni plus entièrement que l'auguste descendant de nos rois.

Ses lettres et ses manifestes en contiennent mainte et mainte preuve; et ne suffit-il pas pour le rappeler, de citer le maintien du suffrage universel qu'il propose et la décentralisation dont il est un des plus chaleureux partisans? Dans ces deux points de la politique royale se trouvent les éléments du gouvernement le plus libéral, en employant ce mot dans son sens naturel et vrai, qui se puisse concevoir, car ils assurent, l'un la liberté et la puissance de la représentation nationale devant l'autorité souveraine, l'autre, l'indépendance, aussi complète qu'il est possible de la réaliser sans rupture du lien national, de toutes les parties du pays par rapport à l'État. Que peut-on désirer de plus ; quel autre élément de liberté peut être, nous ne dirons pas réalisé, mais imaginé ?

Mais, autant M. le comte de Chambord et les fidèles du droit politique peuvent se montrer jaloux de développer les libertés publiques et le font en effet, autant il leur est interdit de livrer au hasard des caprices populaires les principes fondamentaux de notre droit politique. Il n'est pas possible au descendant de nos rois d'abandonner à cet égard une mission dont il répond, non-seulement devant la France d'aujourd'hui, mais aussi devant les siècles à venir. Il faut qu'il conserve entre les mains le pouvoir nécessaire pour l'exercer. Il faut donc qu'il gouverne, si ce n'est pour administrer le pays, qu'il veut, au contraire, abandonner autant que possible à sa libre initiative, et pour imposer sa volonté dans tous les actes du gouvernement général, pour lesquels il est prêt à suivre l'impulsion de l'opinion, soit dans le choix des cabinets, soit dans les résolutions à prendre, du moins pour maintenir d'une main vigilante et énergique l'existence de la Monarchie, le respect de ses traditions et la conservation des principes d'ordre social dont elle est la garantie parmi nous.

L'expérience éclaire, en pareille matière, mieux que les raisonnements. Que la France se demande donc si elle a eu à se louer de la monarchie constitutionnelle de Louis-Philippe. Nous n'entendons point critiquer les actes de celle-ci, mais rappeler avec quelle facilité elle s'est écroulée devant les efforts de la Révolution. C'est que la Royauté n'y avait point en elle la force de résistance nécessaire à toute royauté : elle n'était point le clou de la constitution ; elle n'était que le vain simulacre d'une clef de voûte, en réalité absente de l'édifice de 1830 ; ou plutôt elle n'était que le fronton décoratif hâtivement dressé devant une œuvre purement révolutionnaire.

Qu'on ne s'étonne donc pas que nous ne voulions de rien de semblable. Nous ne voulons pas d'une royauté dont le trône de carton ne serve qu'à masquer les progrès de notre dissolution nationale ; nous ne voulons pas d'une royauté qui puisse servir à sanctionner par son inerte autorité les œuvres du mal ; nous ne voulons pas d'une royauté dont la présence rassure les conservateurs sans les protéger ; nous ne voulons pas d'une royauté qui soit la contrefaçon de notre droit politique, la caricature de l'autorité nationale personnifiée en elle. Ce que nous voulons, ce que nous attendons du retour de la Monarchie, c'est l'épanouissement paisible et sans dangers de la liberté, à l'ombre d'une autorité forte de quatorze siècles d'expérience et de glorieuses traditions.

Ici se présente une remarque importante qu'on ne fait malheureusement pas assez. Lorsque ceux qui ont demandé à l'histoire et à nos traditions leurs maximes politiques réclament pour la Monarchie la puissance nécessaire pour faire respecter les principes qu'elle représente parmi nous, il semble à un grand nombre qu'il s'agit d'attacher aux pieds de la France des entraves plus ou moins serrées, qui seraient irrévocablement rivées. Comment ne réfléchit-on pas que ces

chaines de l'obéissance du peuple à l'autorité souveraine, personnification de la souveraineté nationale ,
entendue dans le sens naturel et complet du mot, ne
peuvent être faites que de la volonté de la nation et
subsister que par elle ? Est-ce de demander à la France
de se donner à une dynastie dans telle ou telle mesure
qu'il s'agit ? et n'est-ce pas évidemment, au contraire,
de la presser de recourir librement à une politique où
la Monarchie ne sera qu'exécutrice des volontés nationales ? Est-ce véritablement d'accorder au roi tel ou
tel degré de puissance qu'il est question pour elle, et
n'est-ce pas plutôt de se soumettre elle-même à des
principes politiques dont le roi ne sera que le gardien,
et qui seront défendus par lui, au besoin, non contre
la nation, ce qui d'ailleurs ne serait pas possible, mais
seulement contre des factieux ?

Que l'on cesse donc enfin de considérer la Monarchie
de cette manière à la fois orgueilleuse et humiliante
qui semble ne laisser voir en elle qu'un mal nécessaire,
qu'on cherche à restreindre , faute de pouvoir lui
échapper, un ennemi inévitable qu'on s'efforce de res-
serrer, d'emprisonner, pour n'en être point importuné.
Sachons voir en elle ce qu'elle est réellement, l'éma-
nation de notre génie national , la chaîne qui nous
relie au passé de notre patrie et qui rattachera à nous
les générations à venir, le lien qui peut seul faire notre
union et par là notre force, l'âme enfin de notre vie
nationale ; comprenons-la comme la comprend le noble
prince qui a dit : « La Monarchie, c'est la Maison
royale de France indissolublement unie à la nation. »
*(Manifeste du 25 oct. 1852).*

Et alors nous ne serons plus tentés de marchander

avec elle. Et nous trouverons en elle un asile assuré de repos et des trésors inépuisables de liberté.

L'exemple de l'Angleterre, que nous avons cité, rappelle cette remarque que les pays où les principes politiques sont le mieux respectés, où les traditions nationales sont le plus soigneusement conservées sont ceux qui font les progrès les plus rapides et les plus grands dans les voies libérales. Inutile d'en formuler la raison, qui se présente trop aisément d'elle-même pour qu'il soit utile de la faire ressortir.

Les éléments de liberté ne nous manqueront pas, certes, avec la Monarchie. Nous les trouverons dans les traditions de notre histoire, qui nous les rappelleront, comme nous l'avons dit déjà, par plus d'une fière parole, écho des franchises parlementaires de nos pères ; nous les trouverons dans les intentions si largement libérales du Roi, et en particulier dans l'institution du suffrage universel qu'il veut non-seulement conserver, mais aussi protéger et consacrer, en en régularisant l'application.

Cette garantie devrait suffire à quiconque peut craindre que la part de direction des affaires laissée au pays par la Monarchie ne soit pas assez considérable. Qui peut imaginer qu'une nation, ayant la liberté de faire connaître toutes ses pensées, toutes ses plaintes, tous ses désirs et le pouvoir d'entraver à son gré par le refus d'impôts les affaires conduites contrairement à son gré, n'arrivera pas nécessairement et promptement à exercer sur le Gouvernement toute l'influence qu'elle peut désirer.

Un seul danger la menace, c'est l'abus qu'elle pourrait faire de ses forces. Comprenez-le donc, vous tous qui voulez la liberté. C'est en la gardant de ses excès que vous la sauverez et que vous la ferez grandir. Et pour le faire, il faut donner à la Monarchie, non par des lois, qui ne suffiraient pas, mais par la volonté intime et décisive de la nation, le pouvoir de défendre contre toute atteinte les principes fondamentaux et nécessaires du droit politique.

Ne l'oublions jamais, dans un peuple, la mesure du développement des libertés publiques est rigoureusement proportionnée au respect du droit qui y règne. Ou plutôt, la liberté n'est et ne peut jamais être que l'épanouissement du droit.

### III

Ce que nous venons de dire au sujet de la monarchie constitutionnelle nous conduit à présenter quelques remarques sur une question que se posent certains politiques, à l'affût de difficultés sur les points qui en comportent le moins.

Ils se demandent si, lors du rétablissement de la Monarchie, la Constitution sera faite par le Roi ou par l'Assemblée. Et, là-dessus, les libéraux ombrageux se rembrunissent, froncent le sourcil et déclarent qu'ils ne veulent point d'une charte octroyée.

Pour répondre à cette question, il suffit de se souvenir d'une des règles élémentaires de notre droit politique, qu'exprime le vieil adage : *Lex fit consensu populi et constitutione regis.*

Le comte de Chambord n'a jamais songé à apporter à la France une constitution émanée de sa seule volonté. Premier serviteur du droit politique, il le respecte trop pour réclamer une prérogative que ce droit ne lui donne pas. Mais ceux qui voudraient que l'Assemblée imposât au Roi une constitution commettent une erreur non moins grande, ou plutôt tombent dans une contradiction.

Pourquoi veulent-ils rappeler le Roi? Évidemment parce qu'il est légitime. Or, comment est-il légitime, si ce n'est en vertu de notre constitution française? Nous avons donc une constitution. Pourquoi alors songer à en fabriquer une?

Mais, dit-on, il s'agit de mettre cette constitution en rapport avec notre état politique actuel. — Fort bien, et rien de plus convenable, de plus utile que de le faire ; mais ces modifications à apporter à notre droit public ne sont évidemment que secondaires, et il y a des principes fondamentaux, tels que la légitimité d'Henri V. Pourquoi donc, le rétablissement de la Monarchie une fois résolu, s'attarderait-on à discuter des points de détail, avant de s'incliner devant les principes essentiels, avant d'ouvrir au Roi les portes de la France?

D'ailleurs, on reconnait nécessairement au Roi un rôle quelconque à jouer dans la nation. Nous avons vu que sa mission a principalement pour objet la conservation des principes du droit politique. Mais ne revenons pas là-dessus, et constatons seulement, au nom du sens commun, que le Roi a quelque chose à faire dans les œuvres qu'accomplissent les grands pouvoirs de l'État. Dès lors, comment concevoir que son concours, étant reconnu nécessaire pour les actes ordinaires de notre vie politique, ne le soit pas pour un acte aussi important que la rédaction d'une Constitution?

Ceux dont nous combattons la singulière tendance ne se rendent pas compte de l'absurdité qu'il y aurait à rappeler un prince au nom d'un principe supérieur aux volontés d'une seule génération, en lui imposant, en même temps, une constitution au nom des volontés d'une seule génération. Ce serait sortir de la Révolution par une porte pour y entrer par une autre.

Le dernier mot a été dit d'avance sur cet étrange débat, que nous ne pouvons même croire sérieux, dans cette admirable phrase d'un manifeste de M. le comte de Chambord : « Nous reprendrons *ensemble* le mouvement de réforme de la fin du dernier siècle. »

En effet, que peuvent penser, que peuvent vouloir ceux qui reconnaissent la nécessité du retour de la Monarchie ? Ils pensent que le prétendu principe de la souveraineté populaire, qui a dévoyé le mouvement de réforme dont parle M. le comte de Chambord, a été funeste à la France, et qu'il faut rompre avec lui ou périr ; ils veulent répudier ce funeste système et revenir au droit national. Eh bien, donc ! qu'ils agissent selon ce qu'ils pensent et selon ce qu'ils veulent.

Rappelez le Roi ; placez-le face à face avec son peuple et soyez certain que de leur union intime sortiront les solutions qui vous préoccupent, car par là sera réalisée cette « alliance des principes monarchiques et des libertés publiques » qui peut seule, comme l'a dit encore M. le comte de Chambord, rendre le bonheur à la France, les principes monarchiques assurant la base de notre édifice national, les libertés publiques guidant les progrès de sa reconstruction.

## LA MONARCHIE CHRÉTIENNE

I

Ce n'est point sans quelque embarras que nous abordons le côté religieux de la rénovation de notre vie nationale : il est si étrange qu'aux éléments discutables des théories politiques puissent se mêler des principes qui devraient être leur inébranlable base !

Jamais société n'a vécu sans religion ; point de peuple qui n'ait demandé à la sienne la vertu de ses citoyens et le courage de ses soldats. Et pourtant, il se peut trouver dans une nation hautement civilisée, dans une nation chrétienne, des hommes pour redouter ce qu'ils appellent l'envahissement des idées religieuses, pour repousser un prince en raison de son attachement à la religion !

Il se comprendrait que, dans une société fortement imprégnée de l'esprit de conservation politique et sociale, on prétendît que le gouvernement n'a que faire de songer à protéger la religion et qu'il doit laisser aux apôtres et aux disciples de celle-ci le soin de la faire régner sur les âmes ; mais, dans une nation et à un moment où tout est menacé par des doctrines subversives de tout ordre, s'attacher à guetter d'un œil inquiet, à repousser d'une main jalouse tous les témoignages de respect que le pouvoir peut donner à la religion, tous les actes de protection qu'il peut poser en sa faveur, voilà qui est insensé au premier chef ! Quoi ! vous n'avez donc pas songé que la religion est la seule force qui puisse refréner ces convoitises dont le développement toujours grandissant vous épouvante, le seul remède aux maux dont vos sages chercheront toujours inutilement la guérison, la seule conseillère qui puisse faire entendre les leçons d'ordre, de sobriété et d'énergie devant le labeur et surtout de résignation devant la souffrance que vos économistes s'efforceront toujours en vain de remplacer par leurs pompeuses théories ? Nous avons recherché ce que c'est que la patrie, et il n'était pas inutile de le faire, en présence des négations de tous principes qui ont attaqué, pour la première fois, la sainte vertu, jusqu'alors universellement respectée, du patriotisme. Mais ce n'est rien encore que connaître l'objet du patriotisme, si l'on n'en connaît la raison d'être  Or, cette raison d'être, où la trouvera-t-on, de même que celle de toutes les vertus , si ce n'est dans la volonté de Celui que nous ne pouvons écouter que par la religion ?

Nous le savons, ceux à qui nous nous adressons, les conservateurs libéraux ou empiriques, ne repoussent pas la religion. Mais on sait assez comment ils l'entendent dans sa vie extérieure et dans ses rapports avec la politique. De même qu'ils veulent la Royauté sans autorité, c'est-à-dire sans son essence même, il leur faut une religion dépouillée du respect et de la protection qui lui sont dus et de l'enthousiasme qu'elle inspire.

Nous avons reconnu qu'il faut, non-seulement profiter des progrès accomplis parmi nous, mais aussi tenir compte des infirmités de notre temps. C'est se prêter aux exigences de celles-ci que s'efforcer de calmer les appréhensions du libéralisme au sujet de la religion.

Que peut-il redouter, sinon légitimement, du moins avec quelque fondement ? L'immixtion du clergé dans la politique et les empiétements du spirituel sur le temporel, comme on disait autrefois, ou, comme on dit aujourd'hui, l'invasion du cléricalisme dans l'Etat. M. le comte de Chambord, qui a tout prévu, dans ses lettres et ses admirables manifestes, répond à ces craintes. Que peut-on de plus précis et de plus satisfaisant que les déclarations suivantes :

« Nul doute que je sois disposé à laisser à l'Église la liberté qui lui appartient. Mais, de leur côté, les évêques et tous les membres du clergé ne sauraient éviter avec trop de soin de mêler la politique à l'exercice de leur ministère sacré et de s'immiscer dans les affaires qui sont du ressort de l'autorité temporelles. (A. M..., 29 mai 1857). »

« Pleine liberté de l'Eglise dans les choses spirituelles, indépendance souveraine de l'État dans les choses temporelles, parfait accord de l'une et de l'autre dans les questions mixtes, tels sont les principes qui doivent, aujourd'hui, régler les rapports des deux puissances. (A M de Cherrier, membre de l'Académie des inscriptions et belles lettres. — 26 mars 1859). »

Que veut-on de plus ? Veut-on que les lois soient faites en dehors de l'esprit du christianisme, que le gouvernement évite de s'inspirer dans ses actes des règles et des intérêts de la religion ? Mais, « qui n'est pas avec moi est contre moi, » a dit l'éternelle Vérité. Et notre histoire, depuis quatre-vingts ans, est la preuve de l'impossibilité de l'indifférence de l'Etat à l'égard de la religion. Ou les lois et les actes du pouvoir ont été directement ou indirectement contraires au Christianisme, ou ils lui ont obéi d'une manière inconsciente ou involontaire, sur maint et maint sujet. Il ne pouvait en être autrement.

Quel est donc votre programme ? nous dira-t-on. Nous osons à peine formuler notre pensée sur une si grave matière; mais nous croyons qu'en réclamant que, toutes les fois que la loi et le pouvoir ont à se prononcer nécessairement pour ou contre la religion, ils se déterminent en sa faveur, nous ne demandons que ce qui est indispensable à conserver à la France son caractère essentiel de nation chrétienne. Pour tout le reste, nous ne demandons rien, en ce qui concerne la politique intérieure, que la liberté.

En examinant la partie purement politique du programme légitimiste, nous avons dit que la restauration de la Monarchie doit s'entendre, non pas seulement du retour d'Henri V sur le trône de ses pères, mais aussi et surtout du retour de la France à ses traditions politiques. A bien plus forte raison devons-nous parler de même en ce qui touche la renaissance de la France chrétienne ; car l'action du pouvoir n'a et ne doit jamais avoir accès sur les consciences. C'est à chacun de nous de se demander s'il veut contribuer à faire revivre, tout en tenant compte de la différence des temps, la France de Charlemagne et de Saint-Louis. Ce que nous venons de formuler, ce ne sont que les conditions strictement indispensables, selon nous, à une restauration réelle de la Monarchie chrétienne.

II

Nous ne pouvons quitter ce grave sujet sans consacrer quelques réflexions aux règles de politique extérieure qu'impose à la France sa qualité de nation catholique, son titre de fille aînée de l'Eglise et les traditions de toute notre vie nationale, qui ont fait d'elle la gardienne, le champion de l'Eglise catholique.

Faire reculer à l'extérieur la Révolution, qui s'est emparée de nos lois et de notre gouvernement, est difficile ; mais tout dépend en cela de notre seule volonté. Reprendre dans notre politique étrangère la chaîne brisée de nos traditions paraît plus difficile encore, car il y a des faits accomplis avec lesquels il faut compter.

Nous ne méconnaissons pas la gravité de ces faits ; ceux dont nous partageons les convictions les ont trop bien prévus, ils ont pleuré trop amèrement leur accomplissement, pour ignorer la néfaste importance de ces faits et la désastreuse étendue de leurs conséquences. Mais, de ce que la Révolution, représentée par l'Empire, a fait l'unité de l'Italie et, par suite, celle de l'Allemagne, par sa politique anti-catholique, doublée de la théorie révolutionnaire des nationalités, produit de l'intelligence fausse et inquiète de Napoléon III, faut-il, au lieu de sortir de cette voie funeste, y persévérer à jamais ? Ce serait insensé.

Qu'une grande prudence nous soit imposée, nul ne le peut nier, et les royalistes sont les premiers à le proclamer. Mais, si nous voulons nous éloigner de l'abîme au bord duquel la Révolution nous a conduits, si nous voulons que notre patrie retrouve sa puissance et surtout son ascendant moral, si nous voulons sérieusement préparer cette revanche de nos défaites à laquelle aspirent si passionnément tous les cœurs français, il faut évidemment nous laisser inspirer et guider par d'autres principes que ceux qui ont préparé les désastres dont nous gémissons.

Pourtant, les avocats des diverses opinions révolutionnaires insistent. Au mépris de toute vraisemblance, ils affirment qu'un danger immédiat menace le rétablissement de la Monarchie. A les croire, l'Allemagne et l'Italie coalisées n'attendent que le retour d'Henri V en France pour nous écraser sous leurs efforts réunis. C'est vouloir trop prouver. En le faisant, la Révolution commet une double maladresse : elle prouve elle-même la crainte qu'inspire à nos ennemis naturels la perspective d'une restauration monarchique, et elle excite les esprits à examiner de plus près la question des alliances, qui ne lui est rien moins que favorable

Nous le pouvons, nous le devons bien croire, faut-il leur répondre, dans son état actuel, la France est à la merci des envahisseurs. Malgré les sollicitudes qu'éveille en Europe la nécessité de conserver l'équilibre entre les différentes puissances, il faudrait craindre que nous ne fussions abandonnés aux efforts de quiconque chercherait à achever de nous abattre. La Révolution, qui grandit chez nous, menaçant tous les trônes et la société entière, paraît à chacun un ennemi plus redoutable que ne le serait une Allemagne encore agrandie à nos dépens. Mais en sera-t-il de même, lorsque sera remonté sur le trône un prince dont la chevaleresque honnêteté est l'admiration de l'Europe, lorsque les principes conservateurs auront triomphé avec lui, que notre lendemain sera assuré et que les puissances européennes n'auront pas à craindre que le pouvoir passe d'un instant à l'autre aux mains d'un Gambetta ou d'un Delescluze ? Croit-on, qu'alors, l'Autriche, l'Angleterre et même la Russie voudraient laisser menacer en nous une existence nécessaire à leur propre existence ?

Nous n'avons pas la prétention d'opposer des prévisions déterminées, précises, aux fantômes évoqués par la passion des politiques qui sont les auteurs mêmes des dangers dont ils nous menacent ; nous ne cherchons pas à écrire l'histoire de l'avenir. Tout ce qu'on peut faire présentement, c'est de comparer les deux forces entre lesquelles il est donné à la France de choisir pour armer sa politique : la Révolution et le Catholicisme.

La Révolution..... Sa puissance n'est même plus à nous ; nos ennemis s'en sont, grâce à Dieu, emparés. Et, qu'on le remarque, tandis que, chez nous, elle n'a pu se traduire que par de lamentables violences ou de désastreuses aberrations, parce qu'elle est en opposition directe et absolue avec notre génie national et nos intérêts les plus certains et les plus pressants, elle est, chez le principal de nos adversaires, une force, passagère assurément, mais réelle. Pour l'Allemagne protestante, la Révolution n'est bien réellement qu'une évolution naturelle du génie national ; elle est une phase, qui sera relativement longue, parce qu'elle est normale, de la décomposition politique et sociale que porte en lui le protestantisme. Et puis, chez elle, la Révolution, qui guide la politique étrangère et mine sourdement les principes sociaux, n'attaque encore qu'avec réserve la politique intérieure. Par là, elle n'effraie pas en elle-même au dehors, tandis qu'une expérience tant de fois répétée apprend à l'Europe que la Révolution, victorieuse chez nous sous la forme républicaine, deviendra bientôt pour elle un objet d'horreur, une cause des plus graves dangers. Concluons donc que la Révolution ne peut rien pour nous contre nos adversaires, qui la possèdent et la dirigent, au lieu d'en être, comme nous, possédés, torturés et déshonorés.

Le Catholicisme, au contraire, est notre force naturelle, comme la Révolution est celle de nos ennemis, mais force toujours bienfaisante et féconde. Elle nous rendra notre influence au dehors, aussi bien que notre prospérité à l'intérieur. On nous dit que le Catholicisme est rejeté en grande partie des forces politiques des états où il dominait naguère et que, par conséquent, une politique inspirée par lui serait sans écho autour de nous. Le fait est vrai ; mais la faute en est à nous, qui avons si longtemps exercé au profit de la Révolution cette magistrature dont parle J. de Maistre, qui nous a été confiée pour la défense du Catholicisme. Mais qui est assez aveuglé pour ne pas voir la magnifique renaissance du Catholicisme qui s'opère de toute part et à laquelle les persécutions n'ont pas été inutiles ? Donnons le signal d'un retour véritable et complet à cette foi qui a fait l'Europe, et de toute part nous serons suivis. Que faudrait-il pour que l'Autriche secouât le joug des philosophes et des juifs qui se sont emparés d'elle? Bien peu de choses, et notre exemple serait plus que suffisant. Et l'Italie, cette Italie qu'on veut nous faire craindre, que la Révolution dévore et ruine, que faudrait-il de plus pour la presser de se débarrasser de ses tyrans, qu'une restauration du catholicisme en France, opérée surtout sous la Royauté d'un Bourbon ? Ne parlons pas de l'Espagne, qui n'attend que l'avènement d'Henri V pour se jeter aussi dans les bras de son roi, d'un roi qui sera pour nous, demain, le plus fidèle, le plus dévoué des alliés. Allons plus loin encore, et n'oublions pas la force immense que nous donnerait, au milieu même de nos ennemis, la renaissance de la France en fille aînée de l'Eglise. Quelle ne serait pas notre puissance contre eux, si les catholiques persécutés de l'Allemagne avaient à attendre de nous secours et protection, si la catholique Bavière trouvait dans une commune ardeur de foi un encouragement à se jeter dans nos bras, pour échapper à la servitude de la Prusse ?

Autrefois, Richelieu, trahissant, au nom des intérêts matériels de notre politique, les devoirs de notre mission catholique, sut, à l'aide d'une religion dont il se fit le défenseur à l'étranger, pendant qu'il l'étouffait au dedans, réduire une puissance plus formidable encore et surtout bien autrement solide que celle que nos fautes ont laissée grandir. Ce que nous espérons, ce que nous attendons de la Monarchie chrétienne, c'est l'accomplissement d'une tâche analogue, mais en nous appuyant, cette fois, sur une force qui est la nôtre, en remplissant un rôle qui est notre mission, en nous inspirant, pour agir, non plus seulement d'un intérêt égoïste, mais aussi et surtout du saint et tout-puissant enthousiasme de la foi catholique.

## LE DRAPEAU BLANC

Après avoir rappelé les redoutables problèmes que la France doit résoudre, après avoir examiné le choix décisif qui nous est imposé entre la souveraineté des caprices de la foule et l'autorité de la nation, prise dans le glorieux ensemble de sa vie entière, entre la répudiation de tout le passé de la patrie et le respect des traditions qu'il nous a transmises, il devrait sembler étrange d'avoir à agiter une question de drapeau.

En effet, ceux qui, se disant légitimistes, se déclarent partisans du drapeau tricolore, ne sortiront jamais de ce dilemme : ou un drapeau n'est qu'un banal ornement, et alors pourquoi attacher à sa couleur une si grande importance ? ou il a une grave signification, et alors pourquoi imposer à la France, délivrée des théories de 89, un drapeau qui les rappelle et les représente ? Ou un drapeau ne doit être considéré que comme un hochet, et alors comment réclamer du neveu de Louis XVI, du petit-fils de Charles X qu'il fasse flotter au-dessus de son trône le drapeau qui s'est dressé sur l'échafaud de son grand-oncle et qui a salué l'exil de son grand-père ? ou un drapeau est un symbole, et alors comment imposer à la Monarchie chrétienne l'emblème de la Révolution ?

C'est dans le second côté de ce dilemme qu'est évidemment la vérité ; mais la France, qui se dit généreuse, n'a-t-elle pas aussi à tenir compte du respect, de l'amour, des réparations qu'elle doit à l'auguste exilé dont elle a besoin pour retrouver sa gloire et sa prospérité ?

Cependant on insiste, disant que la France est, bien que sans raison, invinciblement attachée au drapeau tricolore.

Autant dire que ce qu'on réclame est la satisfaction du caprice insensé d'un peuple qu'on veut pourtant libre et qu'on croit digne de l'être. Et ce sont des libéraux qui tiennent ce langage !

Mais là n'est point la vérité. Si une partie de la nation est encore attachée au drapeau tricolore, c'est qu'elle l'est aussi, peut-être sans s'en rendre bien compte, aux théories qu'il symbolise.

De cette vérité, qu'on ne peut contester sérieusement, sort l'argument le plus puissant en faveur de la nécessité du drapeau blanc. Nous l'avons dit et nous ne saurions trop le répéter, la restauration de nos principes politiques nationaux n'est point tout entière dans l'accession d'Henri V au trône ; celle-ci n'en est qu'une des conséquences. C'est dans l'esprit, dans le cœur de la France que doit se faire la restauration de la Monarchie. Nous ne l'ignorons pas, nous, royalistes, fidèles du droit divin, qu'on dit si peu soucieux de la volonté nationale ; nous respectons la pensée du peuple mieux que ceux qui la flattent, ainsi que l'a si hautemnt manifesté l'auguste voix qui a dit : « La parole est à la France ». Voilà pourquoi M. le comte de Chambord ne veut rentrer parmi nous qu'avec le drapeau blanc ; car, tant que ce symbole de notre droit national opposé à la Révolution ne sera pas accepté par la France, la restauration de la Monarchie ne sera pas prête, l'union libre, entière et décisive de la nation et du Roi, nécessaire à son accomplissement, ne sera pas consommée. Sans lui, le gouvernement qu'Henri V doit, qu'il veut nous donner libéral, ne serait donc pas possible. Sous le drapeau tricolore, son règne, sans honneur, ne pourrait trouver de puissance que dans la force. Henri V, « roi légitime de la Révolution » ne pourrait être qu'un vulgaire césar.

Dans l'assertion des légitimistes partisans du drapeau tricolore, que la France y est plus attachée qu'aux théories qu'il représente, puisqu'elle est prête, selon eux, à abandonner celles-ci en le conservant, il ne faut voir qu'un témoignage de la puissance immense d'un symbole sur la foule. Et l'on ne peut en conclure, par conséquent, que le danger évident qu'il y aurait à laisser subsister parmi nous un emblême qui pourrait redevenir, à quelque jour, l'occasion et l'instrument d'une revendication révolutionnaire, et la nécessité d'y ramener un symbole qui rende présent à tous les yeux la renaissance de l'antique patrie française, la restauration de la Monarchie chrétienne.

Tel est, croyons-nous, le programme, bien simple, dont la réalisation est nécessaire à la restauration de notre droit politique, au maintien durable de l'ordre social parmi nous, à la renaissance de notre patrie. De profondes convictions nous en ont dicté l'exposé; un ardent amour pour la France nous presse de supplier ceux qui nous ont écouté de le conserver dans leur pensée et de le défendre dans leurs paroles et dans leurs actes.

Repoussons loin de nous toutes les transactions sur les principes essentiels. Funestes au maintien de la patrie dans sa vérité et dans sa force, elles le sont, nous l'avons remarqué, par là-même et dans une égale mesure, à la conservation du patriotisme.

De tous les peuples, le peuple français est celui qui se prête le moins aux compromis et aux fictions. C'est pourquoi il a toujours manifesté une invincible tendance à se porter aux extrêmes en toutes choses; c'est pourquoi il a laissé s'écrouler si misérablement et si vite tous les compromis qui ont été tentés entre le Droit et la Révolution; c'est pourquoi aussi se manifestent en lui, après l'essai de tous ces compromis, un dégoût de la politique qui s'accuse par de graves et alarmants symptômes de scepticisme et d'indifférence.

Prenons garde à ces symptômes, car en eux est le signe d'un des plus grands dangers de ce temps, de celui qui lui est le plus propre. Toutes les époques renferment les germes des mêmes passions subversives, depuis l'ambition sans frein jusqu'aux appétits brutaux et féroces. La mesure plus ou moins grande de leur expansion est dans la force de compression que leur opposent les institutions publiques et dans l'énergie et le dévouement que les hommes de bien mettent au service de la cause de l'ordre.

Nous avons parlé des institutions; que n'aurions-nous pas à dire de ce qui est nécessaire pour animer le dévouement, pour fortifier l'énergie des gens de bien? Mais les faits parlent assez d'eux-mêmes  Que voyons-nous autour de nous?

Deux camps se sont formés, qui accentuent de plus en plus leurs tendances. L'un veut la poursuite sans repos ni trêve des déductions inévitables des principes révolutionnaires; l'autre aspire, par des convictions tranchées, par des efforts énergiques à la restauration de la vérité et du droit politique. Entre ces deux camps, qu'y a-t-il? Une foule incertaine, mobile, divisée à l'infini par des nuances d'opinions qui rapprochent plus ou moins chacune de ces innombrables et changeantes fractions de l'un des deux extrêmes. Mille expédients se la disputent chaque jour; aucune ligne de conduite nette et décisive n'y est affirmée. D'où veut-on que naisse en elle le dévoûment aux intérêts publics, et que pourrait en être d'ailleurs le but et les moyens ?

Aussi s'y efface-t-il de jour en jour davantage. La politique devient de plus en plus un objet de lassitude et d'éloignement pour qui n'y cherche pas le moyen de s'élever à tout prix et par tous moyens; le salut social n'excite plus chez un grand nombre que les sollicitudes de l'égoïsme le plus étroit; le patriotisme, au lieu d'être l'ardente, intime et généreuse union de toutes les âmes avec la grande âme de la patrie, menace de n'être plus que ce sentiment, fait de mesquine vanité et de préoccupations personnelles, qui a nom le chauvinisme.

Que peut-on attendre pour le salut de la société et de la France de tous ces groupes flottants, irrésolus et lâches? Au milieu d'eux, grandissent, sans rencontrer d'obstacles sérieux, les efforts des ambitions éhontées et des passions furieuses, qui se sont armées des plus audacieux mensonges de la Révolution.

Une seule force peut leur être opposée : celle qui trouve dans les doctrines qui la forment l'union de ses éléments, la netteté de son but et le dévoûment de ceux qui lui appartiennent. Soyons donc à elle, repoussant loin de nous les compromis, qui multiplient les divisions au lieu de faire l'unité, et nous attachant fermement aux principes qui peuvent seuls nous sauver, parce que, seuls, ils ont en eux, avec la vérité et la justice, la raison d'être du sacrifice et l'aliment de l'enthousiasme.

Lille, imp. Ducoulombier, rue Nationale, 45,

www.ingramcontent.com/pod-product-compliance
Lightning Source LLC
Chambersburg PA
CBHW071504030726
47593CB00003B/1144